Inhalt

Erbschaftsteuer - Wichtige Eckpunkte der vom Bundesrat beschlossenen Reform

Kernthesen

Beitrag

Fallbeispiele

Weiterführende Literatur

Impressum

Erbschaftsteuer - Wichtige Eckpunkte der vom Bundesrat beschlossenen Reform

A.Kaindl

Kernthesen

- Am 1.1.2009 tritt das neue Erbschaftsteuerrecht in Kraft.
- Direkte Erben wie Kinder, Ehegatten und Enkel stehen im Vergleich zur bisherigen Regelung besser da.
- Weniger gut kommen Geschwister und entfernte Verwandte weg.
- Millionenerben werden auch zukünftig ihren Beitrag zur Finanzierung des Gemeinwesens leisten.

- Die steuerfreie Vererbung von Betrieben wird an gemeinwohlorientierte Bedingungen geknüpft.

Beitrag

Ohne Frage ist es erfreulich, dass niemand sein Haus verkaufen muss, um Erbschaftsteuer zu zahlen. Aber nicht nur der Umstand, dass zukünftig Geschwister, Nichten und Neffen im Erbfall steuerlich mit Fremden gleichgestellt werden, stimmt hinsichtlich der Verfassungsmäßigkeit der neuen Regelungen bedenklich.

Reform der Erbschaftsteuer tritt im Januar 2009 in Kraft

Vor einem Jahr legte die Bundesregierung einen Gesetzentwurf zur Neuregelung der Erbschafsteuer vor. Nach langem politischen Gerangel hat der Bundesrat dem Gesetz am 5.12.2008 zugestimmt. Jetzt fehlt nur noch die Unterschrift des Bundespräsidenten, damit die Erbschaftsteuer am 1.1.2009 in Kraft treten kann. Es wurde ein Kompromiss gefunden, der die generationenübergreifende Gerechtigkeit im Land sichern soll. (2), (3)

Die Reform war nötig geworden, weil das Bundesverfassungsgericht das alte Erbschaftsteuerrecht im Jahr 2006 für unvereinbar mit dem Grundgesetz erklärt hatte. Das Gericht sah nach bislang geltendem Recht Immobilien- und Betriebsvermögen gegenüber Kapitalvermögen als zu niedrig bewertet an und forderte eine marktnahe Bewertung aller Vermögensarten. Das Bundesverfassungsgericht verlangte eine Änderung des Erbschaftsrechts bis zum 31.12.2008. (2)

Mit der Reform werden Häuser, Grundstücke und Betriebsvermögen höher als bisher bewertet. Bei unverändertem Recht hätte dies teils zu massiven Steuererhöhungen geführt. Daher beschloss die Regierung neue Freibeträge sowie Steuertarife und führte Verschonungsregeln vor allem für Erben von Betriebsvermögen ein. (2)

Begünstigungen für die Kernfamilie

Die Freibeträge wurden bei Eheleuten von 307 000 auf 500 000 Euro, bei Kindern von 205 000 auf 400 000 Euro, für Enkel von 51 200 auf 200 000 Euro erhöht.

Die Steuersätze bleiben unverändert. Zudem können Ehegatten bzw. eingetragene Lebenspartner eine selbst genutzte Wohnimmobilie steuerfrei erben oder geschenkt bekommen. Voraussetzung ist, dass sie nach dem Erwerb zehn Jahre lang vom Erwerber selbst zu Wohnzwecken benutzt wird. Eine Wertgrenze gibt es nicht. Wird eine Wohnimmobilie an die Kinder oder an Enkel, deren Elternteil bereits verstorben ist, vererbt, fällt ebenfalls keine Erbschaftsteuer an, wenn die Fläche unter 200 Quadratmeter groß ist. Auch hier gilt die 10-Jahres-Regel. Der anteilige Grundstückswert, der auf die 200 Quadratmeter übersteigende Wohnfläche entfällt, ist zu versteuern. (2), (3)

Wird die Immobilie allerdings innerhalb der Zehnjahresfrist verkauft oder vermietet, so entfällt die Steuerbefreiung rückwirkend und der Erbe oder die Erbin müssen unter Umständen Steuern nachzahlen und zwar dann, wenn der Immobilienwert den persönlichen Erbfreibetrag übersteigt. Sollten für den Verkauf oder die Vermietung allerdings zwingende objektive Gründe vorliegen, z. B. Tod oder Pflegebedürftigkeit, wird eine Ausnahme von der Nachversteuerung gemacht. (3)

Die größten Verlierer der neuen Regelungen sind die, die nicht zum engeren Familienkreis zählen. So werden etwa Geschwister, Neffen und Nichten wegen höherer Steuersätze deutlich stärker als bisher belastet. In der Steuerklasse I bleiben die Steuersätze unverändert. Sie liegen je nach Vermögenshöhe weiter zwischen sieben und 30 Prozent. Für geerbtes Vermögen bis 75 000 Euro soll der Steuersatz in Klasse I bei sieben Prozent liegen, in Steuerklasse II soll er von 12 auf 30 Prozent und in Steuerklasse III von 17 auf 30 Prozent steigen. Der Höchstsatz von 30 Prozent in Steuerklasse I soll erst ab einem Erbe von mehr als 26 Millionen Euro an gelten. Lediglich 20 000 Euro bleiben steuerfrei. (2), (4)

Neuregelungen für das unternehmerische Vermögen

Die Neuregelung der Erbschaftsteuer bringt für die Erben von Betriebsvermögen (Betriebe, Teilbetriebe, bestimmte GmbH-Anteile und Mitunternehmeranteile) gegenüber dem bisherigen Recht wesentliche Änderungen. Für Unternehmenserben wird es zukünftig zwei Optionen geben, deren Wahl bindend ist, d. h. nachträglich nicht revidiert werden kann. (2), (3), (6)

Option 1:

Firmenerben, die den ererbten Betrieb im Kern sieben

Jahre fortführen, werden von der Besteuerung von 85 Prozent des übertragenen Betriebsvermögens verschont, vorausgesetzt, die Lohnsumme beträgt nach sieben Jahren nicht weniger als 650 Prozent der Lohnsumme zum Erbzeitpunkt. Daneben darf der Anteil des Verwaltungsvermögens am betrieblichen Gesamtvermögen höchstens 50 Prozent betragen. Einzelwirtschaftsgüter des Verwaltungsvermögens, die weniger als zwei Jahre vor dem steuerlichen Stichtag in das Betriebsvermögen gelangt sind, erhalten diese Vergünstigung nicht. Diese Einzelwirtschaftsgüter sind mit dem gemeinen Wert in der Bemessungsgrundlage anzusetzen.

Kleinstbetriebe bekommen einen gleitenden Abzugsbetrag von 150 000 Euro gewährt.

Option 2:

Firmenerben, die den ererbten Betrieb im Kern zehn Jahre fortführen, werden komplett von der Erbschaftsteuer verschont, vorausgesetzt, die Lohnsumme beträgt nach zehn Jahren nicht weniger als 1 000 Prozent der Lohnsumme zum Erbzeitpunkt. Daneben darf der Anteil des Verwaltungsvermögens am betrieblichen Gesamtvermögen höchstens zehn Prozent betragen.

Der Gesetzgeber hat auf die heftige Kritik an den

ursprünglich vorgesehenen Rechtsfolgen reagiert, die eintreten sollten, wenn im Fortführungszeitraum die Lohnsummenregelung oder die Fortführungsvoraussetzung entfallen wäre. Für beide Verschonungsmodelle gilt nun, dass bei Nichteinhalten der Regelungen zur Lohnsumme oder zur Fortführung die im Besteuerungszeitraum in Anspruch genommene Verschonung zeitanteilig entfällt.

Fallbeispiele

Bundesfinanzminister Peer Steinbrück vertritt die Auffassung, dass auch künftig kein Betrieb wegen der Erbschaftsteuer in Konkurs gehen wird. Außerdem ist es richtig, dass Menschen, denen ohne Dazutun hohe Vermögen zufallen, zur Finanzierung öffentlicher Aufgaben herangezogen werden. Nur so kann die Akzeptanz der Sozialen Marktwirtschaft gesichert werden. (2)

Der Steuerrechtler Joachim Lang hat den Bundespräsidenten Horst Köhler in einem Brief aufgefordert, das Gesetz zur Reform der Erbschaftsteuer nicht zu unterschreiben. Lang hält das Gesetz für verfassungswidrig. Anstoß nimmt Lang vor allem an der Regelung, die eine zehnjährige Haltepflicht zur steuerfreien Vererbung von Wohnimmobilien an Ehepartner und Kinder vorsieht. Damit wird die Mobilität der Erben stark beeinträchtigt. Dies verstößt gegen die im Grundgesetz verbriefte Erbrechtsgarantie. (1)

Verfassungsrechtliche Bedenken hegt auch der frühere Bundesverfassungsrichter Paul Kirchhof. Seiner Ansicht nach, verstößt das Gesetz zur Reform der Erbschaftsteuer gegen drei Grundrechte: die Unternehmerfreiheit, die Berufsfreiheit und die Eigentümerfreiheit. (1)

Wolfgang Bosbach, stellvertretende Vorsitzende der Unionsfraktion im Bundestag, schließt sich den verfassungsrechtlichen Zweifeln der Steuerexperten aus einem anderen Grund an. Er vertritt die Auffassung, dass die steuerrechtliche Behandlung von Geschwistern, Nichten und Neffen sowie nicht verwandten Dritten gegen Artikel 6 des Grundgesetzes, der den Schutz der Familie sichert, verstößt. Dieser Kritik schließt sich auch die FDP an, die eine Verfassungsklage gegen die neue Erbschaftsteuer prüft. Die FDP hat erhebliche Zweifel, ob das Gesetz verfassungsgemäß ist. Denn dem grundgesetzlich garantierten Schutz der Familie widerspricht es, dass Geschwister, Nichten und

Neffen im Erbfall steuerlich mit Fremden gleichgestellt werden. (1), (5)

Kritisiert werden nicht nur die neuen Regelungen rund ums Eigenheim, sondern auch die neuen Vorschriften, die für die Weitergabe von Betriebsvermögen gelten. Zukünftig von der Erbschaftsteuer verschont wird, wer die Firma lange fortführt und die Zahl der Arbeitsplätze stabil hält. Viele Experten halten die Regelungen für unsinnig. Kriselnde Unternehmen, die in der Rezession Arbeitsplätze abbauen müssen, werden dann auch noch mit Erbschaftsteuerzahlungen belastet. Außerdem besteht die Gefahr, dass Unternehmer durch das neue Recht dazu verleitet werden, in Krisenzeiten mehr Arbeitsplätze als nötig abzubauen, um den Erben oder zu Beschenkenden eine günstige Ausgangsposition zu verschaffen. (3)

Weiterführende Literatur

(1) FDP: Köhler soll Erbengesetz nicht zeichnen
aus Handelsblatt Nr. 240 vom 10.12.08 Seite 4

(2) Erbschaftsteuerreform nimmt die Hürde Bundesrat
aus Frankfurter Allgemeine Zeitung, 06.12.2008, Nr. 286, S. 9

(3) Vielleicht stirbt sie ja doch noch
aus Die ZEIT Nr. 51 vom 11.12.2008 Seite 040

(4) Was sich für die Erben ändert
aus DIE WELT, 06.12.2008, Nr. 287, S. 2

(5) FDP prüft Klage gegen neue Erbschaftsteuer FDP erwägt Klage gegen Erbschaftsteuer-Reform
aus Süddeutsche Zeitung, 08.12.2008, Ausgabe Bayern, München, Deutschland, S. 7

(6) O.V., Koalitionskompromiss zur Erbschaftsteuer-Reform, GmbHR - GmbH-Rundschau 24/2008, S. R374-R376
aus Süddeutsche Zeitung, 08.12.2008, Ausgabe Bayern, München, Deutschland, S. 7

Impressum

Erbschaftsteuer - Wichtige Eckpunkte der vom Bundesrat beschlossenen Reform

Bibliografische Information der deutschen Nationalbibliothek

Die Deutsche Nationalbibliothek verzeichnet diese Publikation in der deutschen Nationalbibliografie; detaillierte bibliografische Daten sind im Internet über http://dnb.d-nb.de abrufbar.

ISBN: 978-3-7379-1371-3

© 2015 GBI-Genios Deutsche Wirtschaftsdatenbank GmbH, Freischützstraße 96, 81927 München, www.genios.de

Alle Rechte vorbehalten. Dieses Werk ist einschließlich aller seiner Teile – z.B. Texte, Tabellen und Grafiken - urheberrechtlich geschützt. Jede Verwertung außerhalb der Grenzen des Urheberrechtsgesetzes bedarf der vorherigen Zustimmung des Verlags. Dies gilt insbesondere auch für auszugsweise Nachdrucke, fotomechanische

Vervielfältigungen (Fotokopie/Mikroskopie), Übersetzungen, Auswertungen durch Datenbanken oder ähnliche Einrichtungen und die Einspeicherung und Verarbeitung in elektronischen Systemen.